LA

DERNIÈRE GUERRE

PAR

UN ANCIEN DIPLOMATE

PARIS

E. DENTU, LIBRAIRE-ÉDITEUR

PALAIS-ROYAL, 17 ET 19, GALERIE D'ORLÉANS

1867

LA

DERNIÈRE GUERRE

Pourquoi parler de guerre quand tout le monde parle de paix ? C'est que, si la paix est dans toutes les bouches, la guerre est au fond de la situation, et que la vérité, même la plus désagréable, vaut mieux pour les peuples que les illusions les plus flatteuses. Or, voici, dégagée de toute illusion, la situation dans sa vérité.

§ 1.

Le brandon de discorde qu'on appelait l'*incident* ou la question du Luxembourg, a été éteint par la diplomatie ; nos troupes sont revenues de Rome et du Mexique ; l'empereur des Français est allé porter à l'empereur d'Autriche *un affectueux témoignage de sympathie*, et s'entendre avec lui sur les moyens de concilier le maintien de la paix avec la situation faite aux deux empires par l'ambition et les victoires de la Prusse ; Garibaldi, au lieu de s'installer violemment au Capitole, a présidé à Genève le Congrès international de la paix, et le voilà forcé d'interrompre, sinon ses injures, du moins ses violences contre le chef auguste de la catholicité; le Czar et le Sultan se comblent réciproquement de marques de confiance et d'amitié; les souverains de toutes les parties du monde sont venus à Paris pour en admirer les merveilles et tendre une main fraternelle au chef de la France ; la paix présidait aux fêtes données en leur honneur, et l'on eût dit que le Champ de Mars, où se tient le merveilleux tournoi de l'Industrie universelle, était devenu le champ de la fédération des rois et des peuples, comme il fut en 1790 celui de la fédération des anciennes provinces françaises.

Ce magnifique tableau, qui n'eut et n'aura peut-être jamais d'égal, ne laisserait rien à désirer, si la réalité répondait à d'aussi belles apparences ; malheureusement il n'en est pas ainsi.

Nul doute que peuples et souverains ne s'accordent pour apprécier les bienfaits de la paix et pour en désirer le maintien ; mais tous en veulent-ils également les conditions et sont-ils prêts à s'y conformer?

La première condition de la paix, c'est que toutes les grandes puissances soient contentes de leur situation présente, et qu'aucune d'elles n'ait de motifs assez graves pour en changer, au risque de troubler le repos du monde.

Si l'Angleterre, la Russie et la Prusse (nous ne parlons pas de l'Autriche), doivent se contenter de

leur état actuel, peut-on en dire autant de la France?
Celle-ci est-elle assez *satisfaite* pour que, selon la
mémorable parole de Bordeaux, l'Europe soit *tranquille*? Une preuve qu'on ne le croit pas plus au
dehors que chez elle, c'est que, malgré tant d'apparences et de protestations pacifiques, la crainte
d'une guerre prochaine ne cesse de préoccuper partout les esprits et de paralyser les affaires.

§ 2.

D'où vient le mécontentement de la France?
Est-ce des récentes victoires de la Prusse, de ses
efforts et de ses succès pour unifier l'Allemagne?
Nullement. La France a bien assez de gloire militaire pour n'envier celle d'aucune autre nation, et,
après avoir, au prix de ses trésors et de son sang,
constitué l'unité de l'Italie, elle serait mal venue à
se plaindre de l'unité de l'Allemagne. Il n'est pas
un Français qui, à la place des Allemands, ne pen-
serait et n'agirait comme eux, avec cette différence
qu'il serait arrivé plus promptement au but. Mais
quelle que soit la lenteur de nos voisins, personne
ici ne les blâme de chercher à faire chez eux ce que
nous avons fait chez nous; les Français seraient
plutôt disposés à les y aider, et le gouvernement
de l'Empereur a été le fidèle interprète du sentiment national quand, l'année dernière, il s'est
prêté si complaisamment aux combinaisons d'où

devaient résulter et le complément de l'unité italienne, et l'avénement de l'unité germanique.

Le mécontentement de la France ne saurait donc être attribué à l'œuvre qui s'accomplit aujourd'hui en Allemagne. « Son mal vient de plus loin ; » il remonte à ces odieux traités de 1815, qui ont mutilé sa propre unité. Elle ne regrette rien de ses vastes conquêtes au dehors, auxquelles, d'ailleurs, elle avait été entraînée contre son gré ; ce qu'elle regrette, ce qu'elle n'a cessé de regretter, ce sont les portions arrachées violemment de ses flancs ; ce qui la rend triste et mécontente, c'est la honte attachée à sa mutilation. Tant que cette honte ne sera pas effacée, tant que cette mutilation ne sera pas réparée, ni la France ne sera *satisfaite*, ni l'Europe ne sera *tranquille*.

§ 3.

La France a pu, tant qu'elle était faible, et surtout faiblement gouvernée, faire taire ses ressentiments ; ils n'en étaient que plus vivaces au fond de son cœur. Aujourd'hui qu'elle a recouvré sa force et qu'elle se sent dans la main d'un chef d'autant plus digne de la conduire qu'il a mieux su la comprendre, elle est impatiente de se ressaisir tout entière. Elle eût peut-être attendu longtemps encore ; la paix avait pour elle et pour le monde tant d'avantages qu'elle hésitait à la troubler, même

pour la cause la plus légitime ; mais depuis qu'elle
a vu tous les petits États voisins se laisser absorber
par une seule puissance, et la Confédération germanique, dont elle n'avait rien à craindre, se trans-
former en un vaste empire qui ne connaît point
d'obstacles, elle s'est demandé si l'heure n'était
pas venue de compléter aussi son unité, si elle était
la seule qui n'eût pas le droit de faire ce qu'ont
fait les autres par son assistance ; si, enfin, avec ses
40 millions d'habitants, son industrie, sa richesse,
ses victoires récentes, son héroïque armée et sa for-
midable marine, elle peut continuer son rôle d'ab-
négation, et doit être traitée, sous Napoléon victo-
rieux, comme elle le fut, lorsqu'elle était épuisée
par vingt ans de guerre sous Napoléon vaincu. Elle
s'étonne même à bon droit que les Allemands dont
le sens est si juste, que les Prussiens, surtout, qui
ont le plus contribué aux spoliations et aux humi-
liations qu'elle a subies en 1845, n'aient point saisi
l'occasion de consolider leurs récentes conquêtes
en lui rendant, comme l'a fait l'Italie, tout ce qu'ils
détiennent du sol français.

§ 4.

Qu'entend-on par le *sol français?* Rien n'est plus
facile à déterminer. Toute terre est française qui se
trouve comprise dans les *limites naturelles* de la
France. Or, ces limites que ni les conquêtes, ni les

traités n'ont établies, mais qui sont aussi vieilles que le monde parce qu'elles résultent de la nature même des choses, chacun sait qu'elles se nomment les *Alpes* et l'*Océan*, les *Pyrénées* et le *Rhin*. Tel était le bassin de l'ancienne Gaule, tel est encore celui de la nouvelle.

La France vient de recouvrer, à la suite d'une grande guerre, sa limite des Alpes; depuis longtemps elle n'a rien à revendiquer en deçà des Pyrénées et de l'Océan; seule, sa frontière naturelle du Rhin lui manque. De ce côté les clefs de sa maison sont entre les mains des étrangers, et son flanc reste ouvert à tous les coups qu'un voisin ambitieux voudra lui porter. Est-ce là une situation digne de sa puissance et de sa gloire? Et, quand les traités qui la lui ont faite sont déchirés par ceux qui les avaient établis contre elle, n'y aurait-il pas, de sa part, plus que de la résignation à être seule à les respecter?

§ 5.

Que les limites de la France soient telles que nous les indiquons, nul ne peut le révoquer en doute. Les Français d'aujourd'hui sont les Gaulois d'autrefois; les limites de la France sont donc celles de l'ancienne Gaule. Elles ont été ainsi tracées par le conquérant de cette terre héroïque:

« La Gaule, dans son ensemble, dit César au commencement de ses *Commentaires*, se divise en trois parties, dont l'une est habitée par les *Belges,* une autre par les *Aquitains*, une troisième par les *Celtes.* » Maintes fois, dans son livre immortel, César, en parlant du *Rhin*, dit que ce fleuve sépare les *Germains* des *Gaulois*.

L'empereur Napoléon III ne s'exprime pas autrement. Nous lisons dans le 2ᵉ volume, page 13, de son *Histoire de César* · « La Gaule transalpine avait pour limites l'Océan, les Pyrénées, la Méditerranée, les Alpes et le *Rhin;* » et il ajoute que cette partie de l'Europe, *si bien circonscrite par la nature*, comprenait, outre la France d'aujourd'hui, les *Provinces rhénanes* et la *Belgique*.

Ce sont ces mêmes limites naturelles que la Convention nationale avait déclarées *inviolables et sacrées;* que Napoléon Iᵉʳ, n'étant encore que général, força l'Autriche à reconnaître par le traité de Campo-Formio, et auxquelles il sacrifia, en 1814, sa glorieuse couronne, préférant tomber du trône que de régner sur la France amoindrie. La correspondance de M. de Caulaincourt, alors son ministre des affaires étrangères, avec les représentants des puissances coalisées, ne laisse aucun doute sur ce point.

Le duc de Vicence leur écrivait le 19 janvier 1814 :

« La chose sur laquelle l'Empereur insiste le « plus, c'est la nécessité que la France conserve ses « *limites naturelles;* c'est la condition *sine qua non*. « Toutes les puissances, l'Angleterre même, ont « reconnu ces limites à Francfort. La France, ré-

« duite à ses limites anciennes, n'aurait pas au-
« jourd'hui lès deux tiers de la puissance relative
« qu'elle avait il y a vingt ans. Ce qu'elle a acquis
« du côté du Rhin ne compense point ce que la
« Russie, l'Autriche et la Prusse ont acquis par le
« démembrement de la Pologne. Tous ces États
« se sont agrandis : vouloir ramener la France
« à son état ancien, ce serait la *faire déchoir et*
« *l'avilir.* La France, sans les départements du
« Rhin, sans la Belgique, sans Ostende, sans An-
« vers, ne serait RIEN... »

Dans une autre lettre il disait :

« L'Angleterre le sent bien ; avec tout autre sys-
« tème (que celui des limites naturelles), la paix
« serait impossible et ne pourrait durer. L'*Empe-*
« *reur ni la République,* si des bouleversements la
« faisaient renaître, *ne souscriraient jamais à une telle*
« *condition.* Pour ce qui est de Sa Majésté, sa réso-
« lution est bien prise, elle est *immuable.* Elle ne
« laissera pas la France moins grande qu'Elle ne
« l'a reçue. Si donc les alliés voulaient changer les
« bases proposées et acceptées, les *limites naturelles,*
« l'Empereur ne voit que trois partis : ou com-
« battre et vaincre, ou combattre et mourir glorieu-
« sement, ou enfin, si la nation ne le soutenait pas,
« abdiquer. Il ne tient pas aux grandeurs ; il n'en
« achètera jamais la conservation par *l'avilissement.*

« *Signé :* CAULAINCOURT, duc de Vicence. »

Mais ce qui est plus significatif encore, c'est la dépêche suivante de Napoléon à son ministre qui venait de lui envoyer les propositions définitives des négociateurs alliés réunis en congrès à Châtillon. Ces propositions réduisaient la France aux limites de 1790. L'Empereur les reçut à Montereau le 19 février ; il en bondit de colère et y répondit sur-le-champ :

« Je rends grâce au Ciel d'avoir cette note, car il
« n'y aura pas un Français dont elle ne fasse bouillir
« le sang d'indignation... Je suis si ému de l'in-
« fâme projet que vous m'envoyez, que je me crois
« déjà déshonoré rien que de m'être mis dans le
« cas qu'on vous le propose. Je vous ferai con-
« naître de Troyes ou de Châtillon mes intentions ;
« mais je crois que j'aurais mieux aimé perdre
« Paris que de voir faire de telles propositions au
« peuple français. Vous parlez toujours des Bour-
« bons ; j'aimerais mieux voir les Bourbons en
« France avec des conditions raisonnables que de
« subir les infâmes propositions que vous m'en-
« voyez. »

Napoléon ne pouvait et ne voulait accepter que les *propositions de Francfort ;* or, la base de ces propositions, formulées par les coalisés eux-mêmes, était la reconnaissance des *limites naturelles* de la France.

La paix, tant désirée, dépendait beaucoup du cabinet anglais, et ce cabinet tenait surtout à nous enlever Anvers. Cependant l'Empereur faisait écrire au duc de Vicence, le 2 mars : « Sa Majesté pense « que vous ne devez pas cacher à lord Aberdeen que « la France ne *cédera jamais Anvers et la Belgique*; « qu'il convient, au contraire, de le lui dire et de « lui représenter que la paix se trouve entre les « mains de l'Angleterre. »

Enfin, le 15 mars, trois semaines avant l'abdication de Fontainebleau, Caulaincourt propose aux alliés un traité convenu avec l'Empereur, par lequel celui-ci renonce à l'Italie, à l'Espagne, à la Hollande, à toutes ses conquêtes en Allemagne ; mais conserve les limites nationales, qu'il ne veut même pas laisser discuter.

Rien n'a pu changer la conviction de l'Empereur sur les véritables frontières de la France. Dans son douloureux exil de Sainte-Hélène, il termine ses dictées sur les campagnes de Turenne, par cette déclaration significative : « *L'Europe ne sera tranquille que lorsque la France aura ses limites naturelles.* »

Citons encore ces paroles du glorieux martyr, que Napoléon III, en les rappelant dans son dernier discours à l'ouverture des chambres, s'est appropriées :

« Une de mes plus grandes pensées a été l'ag-« glomération, la concentration des *mêmes peuples* « *géographiques* qu'ont dissous, morcelés les révolu-« tions et la politique. Cette agglomération arrivera « tôt ou tard par la force des choses. »

Elle est arrivée, en effet, grâce à nous, pour l'Italie et pour l'Allemagne. La France seule attend encore le complément de la sienne.

§ 6.

Après Waterloo, malgré l'épuisement de la France, il était si généralement reconnu qu'elle ne pouvait accepter sans honte les limites que les alliés vainqueurs lui imposaient et qui sont encore celles d'aujourd'hui, que les hommes d'État de la Restauration elle-même ne se sont résignés à les subir que la rougeur au front et la tristesse au cœur.

M. le duc de Richelieu, écrivant à M. Laisné, après la signature du traité de 1115, lui disait :

« Tout est consommé ! J'ai apposé, plus mort que « vif, mon nom à ce fatal traité. J'avais juré de ne « pas le faire, et je l'avais dit au Roi. Ce malheureux « prince m'a conjuré, en fondant en larmes, de ne « pas l'abandonner. Je n'ai plus hésité. »

Quelque temps après, M. de Chateaubriand, au congrès de Vérone, traçait les lignes suivantes :

« La faute capitale du congrès de Vienne est d'a- « voir mis un pays militaire, comme la France, dans « un état forcé d'hostilité avec les peuples riverains.

« L'Angleterre a conservé presque toutes les « conquêtes qu'elle a faites dans les colonies des « trois parties du monde, pendant la guerre de la « Révolution.

« L'Autriche a augmenté ses possessions d'un
« tiers de la Pologne, des rognures de la Bavière,
« d'une partie de la Dalmatie et de l'Italie. Elle n'a
« plus, il est vrai, les Pays-Bas, mais cette pro-
« vince *n'a point été rendue* à la France.

« La Prusse s'est agrandie du duché ou palatinat
« de Posen, d'un fragment de la Saxe et des prin-
« cipaux cercles du Rhin : son poste avancé est sur
« notre *ancien territoire.*

« La Russie a recouvré la Finlande et s'est éta-
« blie sur la Vistule. »

(Que dirait Chateaubriand de la Prusse et de la
Russie d'aujourd'hui?)

« Et nous, qu'avons-nous gagné à ces arrange-
« ments?

« Nous avons été dépouillés de nos colonies;
« *notre vieux sol même* n'a pas été respecté. Un
« combat malheureux à nos armes suffirait pour
« amener l'ennemi sous les murs de Paris. Paris
« tombé, l'expérience a prouvé que la France tombe.
« Ainsi, il est vrai de dire que notre indépendance
« nationale est livrée à la chance d'une seule ba-
« taille et à une *guerre de huit jours.* »

§ 7.

Citons encore un dernier témoignage; c'est celui
d'un homme qui connaissait les droits de la France
et savait les revendiquer.

Dans la dédicace de son *Testament politique* à Louis XIII , le cardinal de Richelieu s'exprime ainsi :

« Dès que je fus à la tête du ministère, ma pre-
« mière pensée a été l'augmentation de la puissance
« et de la majesté du Roi, ma seconde, la grandeur
« du royaume.

« J'ai trouvé la France inférieure à elle-même ;
« tout y était amoindri, excepté sa langue qui se
« parlait au delà de ses limites. Des peuples qui
« faisaient autrefois partie de la France affirmaient
« *en français qu'ils ne l'étaient plus.* Les Français se
« battaient contre les Français, la France armait
« contre elle-même ; l'ennemi se servait de nous
« contre nous ; le Français était à la fois vainqueur
« et vaincu, également fort pour se couvrir d'une
« gloire étrangère et pour causer sa propre ruine.

« Tel fut donc l'effort de mon ministère : resti-
« tuer à la France les limites que la nature, ou plu-
« tôt Dieu lui-même, lui a tracées ; rendre aux
« Français leurs frères, la France à la France, et,
« *partout où s'étendait l'ancienne Gaule, rétablir la*
« *nouvelle.* »

§ 8.

La Belgique, que César nomme la première des trois parties de la Gaule, était alors beaucoup plus étendue qu'aujourd'hui. Outre la Belgique actuelle, le Luxembourg, le Limbourg et les Provinces rhénanes, elle comprenait plusieurs départements français : la Somme, l'Oise, partie de la Seine-Inférieure et de l'Eure, la Manche, le Pas-de-Calais, le Nord, l'Aisne, les Ardennes, la Marne, la Meuse, la Meurthe, la Moselle, les Vosges, le Haut et le Bas-Rhin; en un mot, près du tiers de l'empire.

Si ce qui reste de l'ancienne Belgique, ainsi que les Provinces rhénanes et le Luxembourg, ont été souvent séparés de la France par suite de guerres malheureuses ou de partages entre les fils de nos souverains, ces pays n'en sont pas moins restés français, en vertu du double principe du territoire et de la nationalité. Jamais la France n'y a renoncé; à toutes les époques où elle s'en est senti la force, elle a voulu les reconquérir. La plupart des guerres du moyen âge, de Louis XIII et de Louis XIV, comme celles de la République, n'ont pas eu d'autre but; et, sous le premier empire, ces provinces étaient si étroitement unies au territoire national, que personne n'imaginait qu'elles pussent jamais en être détachées.

Veut-on une nouvelle preuve de la persistance des sentiments de la France sur ses limites naturelles? Nous la trouvons dans les applaudissements unanimes qui ont accueilli ces paroles patriotiques prononcées à la tribune par M. de Lamartine, le 12 janvier 1840 :

« Parlez à la France du Rhin et des Alpes, vous « êtes compris avant d'avoir achevé. Sa gloire y est

« restée, son esprit y est encore, son drapeau y
« reviendra.

« Les traités de 1815, refoulement violent de
« l'omnipotence armée d'un conquérant, ne sont-
« ils pas une réaction de la victoire? Est-ce la sa-
« gesse ou la colère de l'Europe coalisée qui les a
« dictés? Sont-ils donc éternels et immobiles comme
« ces fleuves et ces montagnes que la nature a don-
« nés pour traités non écrits entre les peuples? Qui
« oserait le dire? Non, un jour viendra, il est près
« peut-être, où ces traités se déchireront d'eux-
« mêmes devant la force des choses, devant la ba-
« lance mieux comprise de l'Europe, devant *la vo-*
« *lonté et la patience de mon pays!* »

Il y a plus. La Belgique elle-même avait si profondément conservé le sentiment de sa nationalité
française, qu'aussitôt qu'elle eut brisé les liens fac-
tices qui l'attachaient à la Hollande, elle s'empressa
de voter sa réunion à la France; et l'on sait qu'il a
fallu toute la pusillanimité du gouvernement de
juillet pour la repousser. Mais alors, les puissances
étrangères, l'Angleterre surtout, n'avaient qu'à me-
nacer pour que la France courbât la tête. Ces temps
sont heureusement loin de nous, et ce n'est certes
pas sous un Napoléon qu'on les reverra.

Ainsi, tout ce qui est en deçà du Rhin appartient
de droit à la France. Tant qu'elle ne l'aura pas recouvré, elle se considérera comme injustement
dépouillée; et si les puissances qui ont signé contr

elle les traités de 1815 ne s'entendent pas pour faire cesser au plus tôt cette grande iniquité, elle se verra forcée de la réparer elle-même.

§ 9.

Ce serait se tromper étrangement que de croire que le souvenir de ces traités soit effacé de l'esprit de la France : ni le peuple, ni l'armée, ni le souverain ne les ont oubliés. A part un petit nombre d'industriels, de banquiers, d'hommes d'affaires ou de Bourse, il n'est pas un Français qui ne soit impatient de secouer le joug de ces traités odieux. Quand l'Empereur, dans son discours d'Auxerre, les a si énergiquement stigmatisés devant les populations rurales, quand il a dit que, comme le peuple, il *détestait ces traités de* 1815 dont certains hommes d'État veulent *faire la base de notre politique extérieure*, les acclamations qui ont accueilli ses patriotiques paroles étaient celles de la nation tout entière.

Mais des ressentiments aussi profonds, aussi fréquemment et énergiquement exprimés, ne sauraient demeurer longtemps inefficaces, surtout en France où les paroles sont si promptement suivies des actes. Comment supposer que le pays et son souverain, qui n'ont pas reculé devant deux guerres formidables pour défendre l'intégrité de la Turquie et affranchir l'Italie, hésiteront devant une nouvelle guerre pour briser les traités qui ont mutilé la France ?

C'est donc du maintien ou de l'abandon de ces traités que dépend aujourd'hui la paix ou la guerre. La diplomatie n'a véritablement plus d'autre question à résoudre. Tout ce qu'elle peut dire et faire en dehors de ce point capital ne sert qu'à prolonger, én les aggravant, les dangers de la situation.

§ 10.

L'affaire du Luxembourg n'était que le prologue du drame sanglant qui va se jouer en Europe. En ne s'attachant qu'à ce prologue, la Conférence de Londres a pu retarder la représentation du drame, elle ne l'aura rendue que plus terrible. Ce n'étaient point les traités de 1839, auxquels personne ne songeait, qu'il fallait reviser, mais ceux de 1815 ; il ne s'agissait pas de décider à qui appartiendra définitivement le Luxembourg, mais toutes les provinces en deçà du Rhin. Qu'importe à la France une citadelle de plus ou de moins pour garder ses frontières ? Tant qu'on ne lui aura pas rendu, avec les clefs de Luxembourg, celles de Sarrelouis, Landau, Mayence, Coblentz et Cologne, elle n'attendra que l'occasion de les reprendre ; la paix sera toujours précaire, l'Europe toujours condamnée à entretenir sous les drapeaux deux ou trois *millions* de soldats, la fleur de sa jeunesse virile, qui seraient si utilement occupés aux travaux de l'agriculture et de l'industrie, et qui lui coûtent, chaque année, deux ou trois *milliards* dont elle pourrait tirer un si merveilleux parti pour l'amélioration matérielle et morale des populations.

Si, à défaut de justice, une véritable habileté politique présidait aux Conseils des grandes puissances, elles s'empresseraient d'offrir à la France les réparations qui lui sont dues, et alors toute crainte comme tout motif de guerre disparaîtrait; le désarmement général, tant désiré dans l'intérêt de l'agriculture et de l'industrie, s'opérerait immédiatement, et la paix universelle serait assise sur des bases indestructibles. Toutes les nations trouveraient dans la satisfaction de la France la source la plus féconde de leur prospérité. Mais qu'attendre d'une diplomatie qui en est encore aux errements et aux préjugés du commencement de ce siècle? Quelle autorité peut avoir la sagesse dans les conseils de l'orgueil et de l'ambition? Deux grands peuples, si bien faits pour s'estimer et s'entr'aider, vont, encore une fois, se ruer l'un sur l'autre, avec une fureur sauvage sans invoquer d'autre arbitre que le dieu des batailles.

§ 11.

Quel sera le resultat de cette lutte *fratricide*, comme l'appelait déjà Napoléon avant la terrible

journée du 14 octobre 1806? La Prusse y trouvera-
t-elle un autre Iéna, ou la France un second Waterloo? Nul doute que des deux côtés l'on ne s'at-
tribue d'avance la victoire. Il en était ainsi, du
reste, la veille d'Iéna. Tandis qu'une confiance non
moins absolue qu'aveugle remplissait tous les rangs
de l'armée prussienne, Napoléon affirmait que battre cette armée n'était pour la sienne qu'*un jeu
d'enfant*, et il écrivait au roi Guillaume, deux jours
avant la lutte, ces paroles prophétiques : « Sire,
Votre Majesté sera vaincue. » En effet, la monarchie
du grand Frédéric fut brisée du coup, et il a fallu,
avec une série d'événements extraordinaires, les
efforts de toute l'Europe coalisée pour la relever.

Assurément les circonstances sont différentes ;
mais si la Prusse a considérablement grandi, la
France n'est pas restée stationnaire. Le second empire, quoique moins étendu, est plus peuplé, plus
riche, plus compacte et, partant, plus puissant, que
le premier. L'armée prussienne est brave et exer-
cée ; l'est-elle plus que ces vieux régiments de Frédéric qui ont été écrasés à Iéna? Et cette armée
française qui, depuis quinze ans, promène son drapeau triomphant dans toutes les parties du monde,
a-t-elle dégénéré de ses pères? Les Prussiens peuvent le demander aux Russes et aux Autrichiens
qui l'ont eue en face, comme aux Italiens et aux
Anglais qui ont combattu à ses côtés dans les der-
nières guerres.

La Prusse a de nombreuses et solides réserves; en a-t-elle plus et de meilleures que la France? A-t-on oublié combien peu de temps il faut pour faire d'un paisible citoyen français un soldat intrépide, et a-t-on calculé la quantité d'hommes qu'une population de quarante millions peut mettre immédiatement sur pied dans un danger national? La Prusse compte avec raison sur vingt millions de Prussiens; mais est-elle aussi sûre des autres Allemands qu'elle vient de s'annexer par la violence, et croit-elle à la fidélité absolue de tous ces gouvernements qu'elle a si profondément humiliés?

Quant à la marine, qui joue un rôle si important dans les guerres modernes, la flotte prussienne osera-t-elle seulement se présenter devant la flotte française? Qui défendra contre nos escadres les ports de la Prusse et de ses alliés? Qui nous empêchera de débarquer sur ses flancs et sur ses derrières des corps d'armée qui, en occupant une partie de ses forces, l'affaibliront d'autant sur le point de la principale attaque?

En comparant froidement la situation et les ressources des deux peuples, on arrive donc à cette conclusion que, si aucune autre nation ne vient jeter son épée dans la balance, les chances de la lutte ne sont point en faveur de la Prusse.

Ces chances paraîtront encore plus menaçantes pour elle, si l'on considère les conséquences qui résulteraient de sa défaite. La perte d'une grande bataille peut reculer pour la France le moment de reprendre ses limites naturelles, mais elle ne lui enlèverait ni un pouce de son territoire actuel, ni son rang parmi les premières puissances ; tandis que la Prusse vaincue, après avoir vu s'écrouler, comme un château de cartes, l'édifice que son ambition a si péniblement élevé, retomberait au-dessous de ce qu'elle était avant Sadowa. L'unité germanique ne s'en ferait pas moins, et la France y aiderait de tout son pouvoir ; seulement elle s'accomplirait à l'avantage et selon les vœux de toute l'Allemagne, au lieu de se faire, comme aujourd'hui, au profit exclusif de la Prusse et sans tenir compte de la volonté nationale.

§ 12.

Quelle puissance étrangère pourrait venir au secours de la Prusse ? Ce n'est certes pas l'Autriche, à moins qu'elle ne veuille aider les Prussiens à consommer sa propre ruine ; ni l'Italie, ni l'Espagne qui, dans toute guerre européenne, doivent rester neutres ou marcher avec nous ; ce n'est pas non plus l'Angleterre qui ne saurait désormais se passer de notre alliance. On a parlé de la Russie ; mais, à moins d'un aveuglement dont son gouvernement est incapable, la Russie se gardera bien d'affronter, en ce moment, une nouvelle guerre contre la France.

Qu'importe à toutes ces puissances à qui appartiennent les bords du Rhin? Ce qui leur importe c'est l'amitié de la France et la paix de l'Europe. La Russie en a besoin pour en finir avec la Pologne et avec ses réformes intérieures comme pour accomplir ses projets en Asie. L'Autriche n'en a pas moins besoin pour achever sa réorganisation, conserver ce qui lui reste de populations allemandes et trouver, à l'occasion, du côté du Danube et de la mer Noire, une compensation à ses pertes récentes. Quant à l'Angleterre, ce serait lui faire injure que de la supposer assez oublieuse de ses véritables intérêts pour ne pas rester unie avec la seule puissance capable de la soutenir contre la double ambition des Russes et des Américains.

Il n'y a donc pas en Europe un seul gouvernement, un seul peuple qui n'ait le plus grand intérêt à vivre en bonne intelligence avec la France, par conséquent, à la satisfaire soit en lui rendant, soit en lui laissant reprendre, non ses anciennes conquêtes dont elle ne veut plus, mais les frontières naturelles que la violence lui a ravies. Quand les autres États se sont tant agrandis, est-ce trop leur demander que de laisser la France revendiquer ce qui lui appartient?

Mais de toutes les nations européennes, celle qui a le plus à gagner à notre amitié, c'est, sans contredit, l'Allemagne ou plutôt la Prusse en qui l'Allemagne se résume aujourd'hui. Sans cette malheureuse question des Provinces rhénanes, qui est pour la France une question de sécurité et d'honneur beaucoup plus que de puissance et de profit, rien ne pourrait séparer les deux peuples; ils marcheraient désormais comme deux frères, la main dans la main, à la conquête de tous les progrès de civilisation.

§ 13.

Ce n'est pas d'aujourd'hui que la Prusse et la France sont convaincues de la communauté de leurs intérêts, et que leurs hommes d'État ont compris la nécessité de leur alliance. Il n'a pas dépendu de Frédéric le Grand qu'elle ne fût réalisée sous son règne, et, malgré le manifeste de Pilnitz, malgré les attaques de la Prusse contre la République, en dépit même de sa conduite avant Austerlitz, Napoléon Ier n'a cessé, jusqu'à la veille d'Iéna, de réclamer cette alliance, prêt à la payer d'un prix considérable. Sa lettre du 12 septembre 1806 au roi de Prusse est un éclatant témoignage de ses sentiments :

« Monsieur mon frère..., si je suis contraint à
« prendre les armes pour me défendre, ce sera
« avec le plus grand regret que je les emploierai
« contre les troupes de Votre Majesté; je considé-
« rerai cette guerre comme une *guerre civile, tant*
« *les intérêts de nos États sont liés.* Je ne veux rien
« d'Elle; je ne lui ai rien demandé. Toutes les fois

« que les ennemis du continent ont fait courir de
« faux bruits, je lui ai fait donner les assurances les
« plus positives de ma constance à persister dans les
« liens de notre alliance... Je tiens plus que par
« le cœur à Votre Majesté, je tiens à Elle par la
« raison... Je dois le dire à Votre Majesté : jamais
« la guerre ne sera de mon fait, parce que, si cela
« était, je me considérerais comme criminel : c'est
« ainsi que j'appelle un souverain qui fait une guerre
« de fantaisie, qui n'est pas justifiée par la politique
« de ses États... je regarde cette guerre comme une
« guerre *sacrilége*. »

L'avant-veille de la bataille, le 12 octobre, Napoléon, quoique sûr d'être vainqueur, écrivait encore au roi Guillaume pour lui offrir la paix : « Sire...
« j'ai des forces telles que toutes les forces de
« Votre Majesté ne peuvent balancer longtemps la
« victoire. Mais pourquoi répandre tant de sang?
« Dans quel but?... Pourquoi faire égorger nos su-
« jets?... Je n'ai rien à gagner contre Votre Ma-
« jesté... la guerre actuelle est une guerre *impo-
« litique*. »

Aujourd'hui que la Prusse s'est emparée de presque toute l'Allemagne, ses rapports avec la France
ont-ils changé ; les intérêts des deux nations ne
sont-ils plus ce qu'ils étaient autrefois ? Tout au
contraire ; les agrandissements de la Prusse ne lui
rendent que plus nécessaire l'amitié de la France.
Comment pourra t-elle affermir ses conquêtes et

retenir dans ses liens, sans crainte de l'avenir, ces nombreux États qui, malgré leur soumission apparente, attendront toujours l'occasion de secouer son joug, tant que la France mécontente fera l'espoir des mécontents de l'Allemagne? Serait-ce donc acheter trop cher sa propre sécurité que de la payer de quelques portions d'un territoire, qui ne peuvent manquer, un peu plus tôt ou un peu plus tard, de rentrer dans le giron français?

§ 14.

Sans doute la cession des Provinces rhénanes ajouterait à la France deux ou trois millions de population et des villes qui sont la clef de ses frontières ; mais la Prusse, une fois maîtresse incontestée de toute l'Allemagne au delà du Rhin, même en n'y comprenant point ce qui reste aux Autrichiens, n'aura-t-elle pàs doublé sa population, sa richesse, ses forces? Assise sur deux grandes mers et régnant sur 40 millions de sujets, elle devient un empire supérieur à celui de l'Autriche et presque égal à ceux de la France et de la Russie. Pour un pays qui n'était, avant le dernier siècle, que le modeste Électorat de Brandebourg avec un million d'habitants, un aussi prodigieux accroissement ne saurait-il suffire à son ambition?

Malheureusement il est à craindre que l'ambition

de la Prusse n'en soit pas satisfaite. Après avoir ravi
le bien des faibles, elle s'obstinera probablement à
garder celui des forts, jusqu'à ce qu'une sanglante
leçon lui ait appris que les peuples pas plus que les
individus ne peuvent violer impunément l'équité,
et qu'il se trouve ailleurs des juges pour juger ceux
de Berlin.

§ 15.

Certes, il eût été beaucoup plus sage et surtout
plus avantageux pour la France et l'Allemagne, que
les souverains réunis à Paris à l'occasion de l'Expo-
sition universelle, s'inspirant des sentiments de
concorde et de fraternité que ce grand spectacle
fait naître dans les cœurs, se fussent entendus pour
effacer de ces maudits traités ce qu'ils ont d'injuste
et d'offensant pour la France. Il eût été beau de
voir, à cinquante ans de distance, les héritiers de
ceux qui nous les ont imposés en haine du héros
dont *les cendres reposent* sous le dôme des Invalides,
se réunir autour de son tombeau pour les déchirer
et jurer, entre les mains de son neveu, une alliance
éternelle avec cette France qu'il a *tant aimée*. Son
ombre en eût tressailli d'aise et le monde entier
de reconnaissance. L'âme du roi Guillaume et celle
de son illustre ministre n'auraient-elles point été
à la hauteur de cette généreuse résolution ? Cependant il leur appartenait d'en prendre l'initiative,

et, s'ils l'avaient fait, eux qui ont déjà *tant osé*, les lauriers de Sadowa auraient pâli devant une pareille victoire.

Mais si la guerre qui se prépare ne peut être évitée, tout fait présumer qu'elle sera la-dernière. Une fois la France et l'Allemagne rentrées dans leurs limites respectives, tout sujet de dispute entre elles comme avec les autres États aura disparu. La paix, une paix d'autant plus féconde que rien désormais ne pourra la troubler, régnera d'un bout de l'Europe à l'autre ; car la question d'Orient, la seule qui resterait à résoudre, le serait bientôt par l'accord unanime des puissances intéressées à maintenir l'indépendance et l'intégrité de l'Empire Ottoman.

§ 16.

La réunion de la Belgique à la France est une question, non de guerre, mais de temps ; en tout cas, c'est à la Belgique seule qu'il appartient de la décider. Si cette portion de la France s'obstine à en rester séparée, ce n'est point à la France de la forcer à rentrer dans le sein maternel. Si les *Belges* persistent à croire que leur nom est plus glorieux que celui de *Français*, qu'ils sont ainsi plus indépendants, que leur industrie est plus prospère, leur commerce au dehors mieux protégé, l'avenir de leurs enfants plus beau ; s'ils veulent continuer à

leurs frais de jouer au souverain, d'avoir une cour,
un parlement, une armée, une administration, des
douanes et tout ce qui s'ensuit; s'ils sont satisfaits
de la figure qu'ils font dans le monde; si, en un
mot, ils veulent rester Belges, qu'ils restent Belges.
Mais qu'ils ne se fassent plus illusion sur leur préten-
due neutralité. Il n'y a pour un peuple de neutralité
véritable qu'à la condition qu'il puisse la défendre.
La Belgique est-elle en état de résister au choc de
la France et de l'Allemagne, quand leurs armées
voudront la prendre pour champ de bataille? Tout
ce qu'elle peut attendre de sa neutralité, c'est d'être
de nouveau broyée sous les roues des canons et les
pieds des chevaux des combattants; elle a donc tout
intérêt à y renoncer. Le moyen est facile et la
Prusse vient de le lui indiquer dans ses récents
traités avec les petits États de l'Allemagne du Sud;
ce moyen est une *alliance offensive et défensive* avec
l'un de ses deux puissants voisins. Nous ne ferons
pas à notre petite sœur l'injure de supposer qu'elle
puisse un instant hésiter dans son choix. A défaut
de sa *réunion*, elle n'a d'avenir et de salut que dans
une *alliance intime* avec la France. Ce dernier
parti n'est pas le plus avantageux pour elle, mais
il serait peut-être plus agréable à l'Europe, et la
France n'exigerait rien de plus.

Ainsi, l'*alliance* ou la *réunion* de la Belgique avec
la France, et la *restitution* à celle-ci des Provinces
rhénanes, c'est-à-dire l'*abolition des traités de* 1815,

telle est la condition de la paix universelle ; autrement la guerre, et une guerre prochaine, mais qui
sera la dernière, est inévitable.

§ 17.

A ceux qui en douteraient il suffit de poser cette
question : L'Empereur Napoléon, avec son nom, ses
antécédents, ses écrits, ses paroles solennellement
prononcées, peut-il se résigner à voir tranquille-
ment la Prusse absorber tous les anciens États de
l'Allemagne et garder en ses mains les clefs de la
France ? Tout autre gouvernement que le sien pour-
rait-il subir cette humiliation ; et le pays, con-
sulté, y donnerait-il son assentiment ? D'un autre
côté, croit-on que la Prusse soit disposée à nous
rendre bénévolement nos limites nationales,
elle qui ne rêve rien moins de nous enlever la Lor-
raine et l'Alsace !

Mais si les choses sont ainsi, n'est-il pas évident
que la guerre est dans les nécessités de la situation?

Quel en sera le prétexte, et qui tirera les premiers
coups ? Les prétextes ne manquent jamais à deux
peuples en présence, résolus à se battre. A défaut
de la question du Luxembourg, restent celles du
Schleswig et des États du Sud. Un simple mouve-
ment de troupes ou un changement de garnison sur

la frontière suffisent. Alors les canons partent tout seuls, souvent des deux côtés à la fois. Ce qui est clair, c'est que la situation n'est plus tenable, ni pour les affaires ni pour la politique, et que bientôt retentira sur les deux rives du Rhin ce cri fatal : Il faut en finir.

Paris, le 22 septembre 1867.

Paris. — Imp. de P. BOURDIER, CAPIOMONT fils et Cⁱᵉ, rue des Poitevins, 6.